Notas do Autor.

A inspiração nasce nas madrugadas quando a insônia se faz presente, noto pela janela a beleza do alvorecer sendo pintada em multicores, em cenário único, que somente o olhar do Poeta pode ver. O silêncio aos poucos se desfazendo e o barulho do amanhecer se tonando cada vez mais forte e dinâmico. Aguço os ouvidos ouço o cricrilar dos grilos e o canto dos pássaros em desenhadas revoadas embelezando o quintal.

O cenário é convite à inspiração e logo o verbo se faz palavras em equilíbrio com a rima, de mãos dadas vão tecendo a poesia, que voa no verso do dia ao encontro dos amigos virtuais. Instantaneamente num mundo conectado, as respostas vão emergindo na tela do celular, como que se por magia, trazendo para a alegria do bom dia, um sorriso distante e tão perto ao mesmo tempo.

Há tempo de olhar as flores que se abriram no jardim do quintal, o verde pujante do gramado contrasta com o azul do Céu e suas nuvens brancas a bailar. A terra encharcada pelo orvalho da madrugada reflete os raios de sol da manhã, criando uma visão especial, enquanto o Beija-Flor suga o néctar da flor, num lindo beijo de amor. Essas cenas de raro encanto são recortes guardados na memória, em busca do momento de inspiração que fará aflorar os versos que irão retratar a história.

Tudo então se faz Poesia, amor, dor, alegria, a inspiração no auge, faz brotar a fantasia, que irá adornar os versos rimados com euforia, para levantar o astral do leitor de cada dia. Quem lê o que o Poeta escreve é tomado pela ilusão, de que o Poeta não sente qualquer dor no coração, pois, a beleza habita a alma e o verso se faz canção, a fantasia transforma a realidade em ilusão!

SAUDADE.

A saudade é um sentimento
Guardado no coração.
Recortes de bons momentos
No Jardim da Criação.

É dor que dói sem doer
Não gera lágrimas de aflição.
É mera lembrança a corroer
Que revira a emoção.

Cenário de ilusão do momento
O passado revirado com rigor.
Imagens flutuando no pensamento
De o passado que não passou.

É o presente agora
Querendo para traz voltar.
Relógio que não marcou a hora
Nem o momento de regressar.

O ontem se faz tão presente
O futuro demora a chegar.
Saudade é recorte ausente
Dor sem doer e sem passar!

GESSICA HELPS.

G ôsto de fruta madura
E mbelezando o viver
S abor de mel com rapadura
S orriso de bem-querer
I dade de moça criança
C ompanheira que traz esperança
A miga sincera e de confiança.

H á um novo dia por surgir
E ncanto de novo viver
L uz amor e paz à emergir
P resente que quero ter
S egredos por conhecer!

Acróstico dedicado a amiga
Géssica Helps, lembrança da
Fazenda Preguiça II, um encanto
de lugar. A pedido do amigo
Persa Preguiça.

5

OBRA-PRIMA.

Desperto na madrugada
É o momento da inspiração.
O verbo sai para a estrada
Aflui da imaginação.

Aos poucos vira palavras
Traduzidas para a rima.
No verso o Poeta crava
Poemas para a obra-prima.

Obra-prima sem leitores
A empoeirar nas estantes.
São tantas cenas sem atores
Como momentos sem instante.

As palavras bem guardadas
Nos livros que ninguém lê.
O sono da madrugada
Faz a inspiração adormecer!

6

SENTINDO A MÃO DE DEUS EM MIM.
Todas as vezes que olho o céu
Sinto as mãos de Deus em mim.
Ouço a Cachoeira em escarcéu
Sinto as mãos de Deus em mim.

Vejo a aurora nascer
Sinto as mãos de Deus em mim.
Sinto a luz de o sol aquecer
Na pele sinto Deus em mim.

Observo a estrela brilhante
Sinto as mãos de Deus em mim.
Há um brilho cintilante
Sinto Deus habitar em mim.

Quando observo o Mar
Sinto as mãos de Deus em mim.
Em cada pássaro à cantar
Sinto que a canção habita em mim.

Olhos as flores no Jardim
Sinto as mãos de Deus em mim.
Feliz como o Beija-Flor
Em terno beijo de amor!

CARNAVAL.

O Carnaval sem alegria
É um fato inesperado.
Ao invés de euforia
O povo em casa trancado.

Carnaval sem colombinas
O salão sem Pierro.
Não há desfiles na esquina
Resta o silêncio do cantor.

A multidão de mascarados
Sem o riso da alegria.
Os tambores todos calados
Com medo da Pandemia.

Silêncio das Escolas de Samba
Não se ouve a Bateria.
O Samba na corda bamba
Desfile sem alegorias.

Por traz das ordens piratas
O desejo por dominação.
O povo pacato acata
O Carnaval da violação!

8

EMPATIA.
Ao velejar na vida de marinheiro
Por tantos mares da vida.
A alma sente primeiro
O desejo de dar guarida.

O Poeta psicografa a alma
De variados personagens.
No fundo o verso acalma
A aventura das viagens.

Coloca-se no lugar de terceiros
Em verdadeira empatia.
Pensa no verso justiceiro
Ao escrever a poesia.

Afeto, afeição, afinidade,
Ao retratar a alma alheia.
Sente a força da fraternidade
Que a poesia semeia.

Há um elo de amizade
Abraço de amigo e irmão.
A empatia na realidade
Habita a alma e o coração!

9

TODA MULHER É UMA POESIA.
Ser humano sensível e especial
Decantada em prosa e poesia.
Dentre as flores do quintal
És sonho e fantasia.

Flor mulher no pensamento
Ao exalar doce perfume.
Todo instante é momento
De sentir mero ciúme.

Inspiradora do verso
Musa da fantasia.
Força motriz do universo
Toda mulher é poesia.

Todo dia é o seu dia
Toda hora é sua hora.
Raio de luz e magia
Cor que colore a aurora.

Tens o poder da Criação
Ventre para a vida multiplicar.
Flor mulher és emoção
Razão maior para amar!

FLORES.
Olho as flores no quintal
Há tanta beleza por conhecer.
Cores, multicores, alto astral,
Só os olhos do amor podem ver

O viçoso verde pujante
O vento as folhas a balançar.
A brisa toca o instante
Reflete o céu no olhar.

Nuvens brancas bailam distante
O véu azul a dominar.
Luz do sol aconchegante
Cenário para a visão admirar.

A passarada em festa cantando
Saudando o Beija-flor.
Que com seu beijo vai sugando
O néctar doce da flor.

Quanta luz e harmonia
Tem esse cenário divinal.
Pássaros revoadas em harmonia
Entoam o som do quintal!

INTERPRETAÇÃO.

Há interpretação para não se acreditar
Pois da elasticidade tudo pode ocorrer.
Narrativa ilegal e irregular
Na busca de querer poder.

Não existe a constituição
Vale a ilustre arrogância.
Legalidade na contramão
Muito abaixo da Instância.

Deputado e jornalista na prisão
Liberdade de expressão cerceada.
A mídia cega da visão
Fingindo que não vê nada.

O desejo pelo poder absoluto
Infesta a toga do juiz.
A democracia de luto
Oh! Futuro infeliz.

A liberdade aos pouco aprisionada
Com o fim da liberdade de expressão.
A constituição sendo rasgada
Para criar o crime de opinião.

ADEUS A LIBERDADE.
Caminhas de máscara pelas ruas
O pânico te faz aceitar a focinheira.
A propaganda nua e crua
Mostra a morada derradeira.

Enterros em vala coletiva
No horário nobre da televisão.
A guerra de narrativas
Destruindo a informação.

A ciência da picaretagem
A serviço de ideologias.
Fatos tornando- se planfetagem
Nas narrativas do dia.

A ganância exagerada
Quer o controle de tudo nas mãos.
A liberdade sendo confiscada
Em nome de boa ação.

A ideia de controlar o capital
Trará poder de verdade.
Ainda que o golpe fatal
Seja o adeus a liberdade!

DEODÁPOLIS.

Para cantar minha terra
Não foi preciso estudar.
O tema na alma encerra
A certeza de amar.

Aportei por aqui criança
Fui acolhido neste torrão.
Na alma senti crescer a esperança
De um futuro em gestação.

Algodão, mamona, amendoim,
Agricultura a sua vocação natural.
Terra fértil em cada confim
Dando mostras do poder rural.

Veio a soja, trigo, milho,
Muda o curso da produção.
A família Pai, Mãe e filhos,
Crescem qual a massa do pão.

Para progredir na vida
A porta é a educação.
Estudar é a saída
Para quem busca solução.

Ciclo da Cana-de-açúcar
Nova etapa em profusão.
Deodápolis acolhe e educa
É o cantinho do coração!

14

FALTA DE INSPIRAÇÃO.

O Poeta desperta na madrugada
Com a alma em ebulição.
A inspiração aflorada
Acende as chamas da emoção.

Corre em busca de papel
Não encontra a caneta.
Sente amargar como fel
Esquece a cor da vinheta.

A inspiração foi-se embora
Nenhuma lembrança restou.
A poesia tem sua hora
Num instante já voou.

O Poeta volta a dormir
Quer sonhar nova inspiração.
Para em versos resumir
O que habita o coração.

Fica sonhando acordado
Nada de o sono voltar.
Nota a caneta bem ao lado
Aquela que não conseguiu achar.

A dor que dói no Poeta
É a falta da inspiração.
Não houve ligação direta
Entre o amor e a emoção!

DOMINGO.

Uma semana de trabalho
Um domingo para vadiar.
A rotina segue sem atrapalho
Segunda-feira novo recomeçar.

Terça-feira animação e alegria
Saúde e disposição.
Quarta-feira escrevo poesias
Para confortar o coração.

Quinta-feira é outro dia
Em busca da perfeição.
Sexta-feira emoção e euforia
Início da comemoração.

Sábado é dia de feira
O campo a festejar.
Reencontra a cidade inteira
Que quer bons frutos comprar.

Domingo é dia de missa
Reflexão e oração.
No peito a saudade atiça
Lembranças lá do sertão!

16

NOVO ANO, NOVOS SONHOS E DESAFIOS.

O ano par ficará conhecido
Como o ano da Pandemia.
Ano em que o poder foi exercido
Para fragilizar as "Garantias".

O "fica em casa" decretado e propagado
Aos poucos cai em desuso.
Povo preso e massacrado
Por decretos do abuso.

Inventam estranho Natal
Sem abraços de irmãos.
Todo abraço e contato fazem mal
Exceto na eleição.

Festas de final de ano
Proibidas de acontecer.
O decreto é soberano
Não deixa o povo viver.

O ano novo sem planos
O ir e vir proibido.
Pandemia ideológica dominando
O pânico estabelecido.

O desafio é ousar
Lutar pela liberdade.
Ir para as ruas protestar
Contra a onda de insanidade!

PALAVRAS CRUZADAS.

Um quadro para completar
Reúne conhecimento e adivinhação.
Forma estranha de se perguntar
Responder é a questão.

Perguntas regem o jogo
Respostas resolvem a equação.
Quem sabe não assina à rogo
Descobre a solução.

Quem tem bom vocabulário
Entende o palavreado.
Traz à tona o cenário
Planejado e imaginado.

Resolver Palavras Cruzadas
É salutar diversão.
Mantém a mente ocupada
Alegrando o coração.

O poliglota é sábio
Tem vocabulário para resolver.
O riso brota nos lábios
Ao desafio vencer.

Palavras Cruzadas é passatempo
Que ajuda a rotina vencer.
O relógio marca o tempo
Que passa sem você ver!

18

NOVOS TEMPOS.

Há um novo tempo no ar
Há um vírus a causar confusão.
Há a Pandemia a escalar
Tanta desculpa em profusão.
A ordem é "ficar em casa"
Para esconder o "Covidão".
Enquanto a propina arrasa
O futuro do "Fazendão".
Hospitais de Campanha edificados
Causam sensação e boa impressão.
Na calada são desativados
Não servem à população.
Há o custo para fazer
Outro custo para desmanchar.
Truques para abastecer
O "Covidão" à sangrar.
Velórios na televisão
Geram pânico para assustar.
O "fica em casa" é ilusão
Que a ninguém vai salvar.
Política não é politicalha
Ditadura não é opção.
A narrativa canalha
Coloca a ciência na contramão.
Vacinas sem serem testadas
Trazem risco para a população.
A mídia militante ideologizada
Sem querer dá suporte ao "Covidão"!

19

AVENTURA.
Bem próximo ao dia de Natal
Resolvemos nos aventurar a viajar.
Com o rumo traçado
Em Monte Alto-SP fomos dar.
Rever amigos de infância
E pescadores reencontrar.

De Monte Alto à Olímpia
Um Resort para relaxar.
O Parque dos Dinossauros
Lembra estórias para contar.
No Parque de Laranjeiras
Diversão para desfrutar.

Para Barretos a amizade conduz
A família do Poeta das Flores
Possui brilho que reluz
Exalada em tantas cores
Em versos de brilho e luz
Encanto de tantos amores.

Em feira de Santana uma parada
Oasis uma pousada especial
Um delicioso fazer nada
Celebrando o Natal
Depois é seguir a estrada
Costa do Sauipe fenomenal.

Piscinas banho quente
Mordomias a desfrutar
Maceió surge na frente
Terra Praia Sol e Mar
O futuro se faz presente
Mana filha e neto a esperar.

A mana Fátima aguardando
Para passeios de emoção
O Renato sempre jogando
Vivendo um belo vidão
Amigos comemorando
Acaba não mundão.

Ainda sobra tempo
Para ajudar a problemas resolver
Sem empecilho ou contratempo
Vendo o futuro acontecer
De passagem como o vento
Viajar é conhecer e aprender.

Visitar a mana Valdelice
É projeto já antigo.
Há a vontade de conhecer Recife
Então na estrada prossigo
A aventura é meninice
Vencer a distância consigo.

Na Veneza brasileira
Tantas belezas por ver
Mimos da família inteira
Juventude a renascer
Ainda falta a saideira
A Paraíba quer nos ver.

Nas praias de Jacumã
Um abraço no irmão.
Catito é luz da manhã
Aquecendo o coração
Corpo alma e mente sã
No abraço da emoção.

As férias estão terminando
Novo trajeto para voltar
Um novo passeio pintando
Vamos as mamães visitar
Campo Grande nos esperando
Deodápolis é nosso lugar!

QUANDO O TELEFONE TOCA.
Tenho um telefone mudo
No silêncio a calar
A quietude diz tudo
Quando a alma não quer falar.

Em silêncio penso nela
A saudade bate em açoite
Busco através da janela
Entender o escuro da noite.

De repente o telefone toca
Um susto faz-me agitar
A ansiedade que sufoca
Está prestes a terminar.

Corro para atender o telefone
Na certeza de que trata-se de você
Voz estranha pergunta o nome
Temos novo plano para vender.

A voz da operadora
É suave e carinhosa
O papo de vendedora
No momento não entrosa.

Desligo cheio de decepção
A ligação não fala de amor
Para acalmar o coração
Volto ao sonho de sonhador!

HELENA

Surge como uma tocha de luz
Vem iluminar a escuridão
O brilho nos olhos reluz
O auge da emoção.

Menina encanto do lar
Canto de nova canção
Queremos nos braços embalar
Aconchego do coração.

Raio de sol iluminada
Inspiração para poesia
Joia rara abençoada
És sonho e fantasia.

Helena menor aprendiz
Nas etapas do viver
Sorriso que nos faz feliz
Milagre por acontecer.

Helena tom de primavera
A embelezar as cores
Te receber é quimera
Jardim repleto de flores.

Queremos te ver crescer
Entre risos de alegria
Menina que alegra o viver
Do sonho és a fantasia!

24

CLARA.
Repleta de luz ela veio
Fazer a gente feliz
Trouxa calmaria ao anseio
Com seu sorriso que diz.

Há esperança na vida
Há um novo amanhã
Toda dor foi esquecida
Surge um novo afã.

Clara é raio de luz
Brilhante e reluzente
Clara é amor que conduz
Aquecendo a alma da gente.

Nova aurora raiou
Em colorido multicor
O que a alma sonhou
É fruto de muito amor.

Floriu nova Primavera
O jardim se enfeitou
Oh! Clara a quem me dera
Ser aprendiz e professor.

Aprender com tua candura
A etapa da inocência
Ensinar a luta dura
De o viver com consciência!

25

VI.

.

Vi o ano de 2020 nascer
Entre fogos e euforia.
Vi a alegria padecer
Por conta da Pandemia
    Vi surgir a carranca da ditadura
    Nas ordens do "fica em casa".
    Vi o povo em sua candura
    Cumprir a ordem nefasta.
Vi a economia do país patinar
Adentrar os rumos da recessão.
Vi o falso querer e amar
Para liquidar com a nação.
    Vi inúmeras igrejas fechadas
    Sem ouvir sinos a badalar.
    Vi a pátria amada
    Empobrecer e se calar.
Vi o governo agindo e acudindo
Para salvar o povo brasileiro.
Vi a oposição alegre sorrindo
Num tom feliz e alvissareiro.
    Vi a grande mídia se calar
    Diante de tanta opressão.
    Vi o pânico pelas antenas se espalhar
    Nos velórios ao vivo na televisão.
Vi a vacina ser politizada
Vi a luta para salvar os hospitais.
Vi a ciência sendo alçada
Em picaretagens anormais!

CALENDÁRIO.

O calendário a correr
Tentando o tempo marcar.
Jeito sútil de se saber
Em qual estação se está.

Se no Inverno ou Verão
No Outono ou na Primavera.
Olhar mágico da visão
Cenário de visão bela.

A visão do olhar
Enxerga mesmo sem ver.
O futuro a se transformar
Tal qual estrelas a nascer.

O presente faz-se passado
No giro da rotação.
O futuro dorme ao lado
Só desperta com a ação.

O momento é o agora
Instante da decisão.
A Nave Mãe logo decola
Rumo a nova estação.

O querer só é poder
Se transformado em ação.
Não basta apenas querer
O passado não volta não!

NATAL RUBRO ROSA.
As ruas de colorem
Os becos são iluminados.
Cores e fantasia explodem
Tantos sonhos conquistados.

Rubro, rosa, ou vermelho
Verde, amarelo ou azul.
Cores refletem no espelho
Aquarela de norte a sul.

São as cores do Natal
Em tempo de presentear.
O Papai Noel real
Faz a criançada sonhar.

O Trenó vem do Polo Norte
Para os presentes distribuir.
A fantasia é o norte
A alegria a sorrir.

Papai Noel no grupo de risco
Corre perigo de prisão.
Presentes podem sofrer confisco
Há ditadores de plantão.

A turma do "fica em casa"
Sequer conhecem bondade.
Vão levando na trapaça
E escondendo a verdade!

28

A MAGIA DO NATAL.

A magia do Natal
Traz amor e bondade.
A felicidade geral
Espalha-se pela cidade.

As luzes coloridas
Criam um clima especial.
As almas enternecidas
Fazem o espírito do Natal.

As ruas todas enfeitadas
A cidade a comemorar.
Melodias são cantadas
O amor solto no ar.

Oh! Como seria bom
Que fosse sempre Natal.
Só o amor dando o tom
Nesta data especial.

Irmãos abraçando irmão
Na festa da solidariedade.
O Natal habita o coração
E no olhar de felicidade.

A magia do Natal
Não se acaba com a Pandemia.
Nem o "fica em casa" anormal
Extermina a alegria!

TOCAM OS SINOS É NATAL.
Tudo está tão anormal
Nesse tempo de Pandemia.
Ouço tocar os sinos do Natal
Sem famílias em alegria.

A família distante e separada
Sem a beleza de se reunir.
A festa nem será preparada
Diante do poder de proibir.

Pobre do Papai Noel
Velho do grupo de risco.
Jamais ganhará o prêmio Nobel
Ainda que faça exercícios.

Natal sem luz e sem presentes.
Com o povo aprisionado.
A felicidade triste e ausente,
O sorriso mascarado.

O vírus tão amigo da eleição
E das festas de carnaval.
Só não dá proteção
Para cristão no Natal.

Ele odeia os cristãos
Igrejas fechadas e sinos calados.
Sem fé e sem oração
Oh! Vírus ateu e safado!

FAMÍLIA.

Desde os primórdios do mundo
Que todo cristão é família.
Núcleo de amor profundo
Força para enfrentar a trilha.

Reunidos pela vida
O velho clã se modernizou.
Rezar junto é a saída
A família se consagrou.

Tornou-se base da sociedade
Fonte de aconchego e amor.
Seio de felicidade e verdade
Princípio de moral e valor.

A família bem estruturada
Não há quem a possa vencer.
Sua força está concentrada
Na ação de o bem fazer.

No entrelaçar das mãos
No poder da oração.
No querer e na ação
Na fraternidade entre irmãos.

A família é tradição
Que devemos preservar.
Alento para a alma e coração
Sinônimo de o amar!

AINDA ASSIM É NATAL.
Apesar das máscaras de proteção
Apesar do toque de recolher.
Cansa a falta de ação
"Ficar em casa" é não viver.

Ainda assim é natal
O renascer do cristão.
Data mais que especial
Sinos calados e sem emoção.

Os donos da Pandemia
Impedem qualquer aglomeração.
Regra de pura ironia
Que não vale para carnaval e eleição.

A família tradicional atacada
Por brutal e cruel ideologia.
Igrejas todas fechadas
Pandemia gerando desarmonia.

Transportes públicos lotados
Carnaval, eleição, aglomeração.
O Natal condenado a não ser realizado
A família forçada à separação.

A moda é obedecer
Aos tiranos de plantão.
O Natal irá sobreviver
Apesar de toda essa embromação!

OS SINOS DO NATAL

Em meio à aglomeração
Tantos políticos a festejar.
Festejam os louros da eleição
A Pandemia a ignorar.

Abraços após discursos acalorados
Para convencer a multidão.
Que vírus mais descarado
Só hiberna na eleição.

Foi só o povo votar
E o pleito definir.
Para o abuso voltar
E o "fique em casa" ressurgir.

O povo de volta a prisão
Sequer ouvem os sinos de Natal.
Ditadores sem alma e coração
Não creem em nada celestial.

Igrejas e templos fechados
Em nome da Pandemia.
Liberdade relativa e de fachada
A democracia em agonia.

O espírito do Natal
Enjaulado na prisão.
O poder do vil metal
Tenta impor a vacinação!

33

ONDE VIVEM OS SONHOS

O sonho habita a cabeça
Do Poeta sonhador.
E mesmo que nunca aconteça
Gera ilusão de amor.

A ilusão alimenta o sonhar
Que mora na imaginação.
Que faz o verso voar
Para tocar o coração.

A inspiração do Poeta
É arte da fantasia.
Saudade na forma direta
Para encantar a poesia.

A dor que nunca doeu
Na visão do fingidor.
Que em seus versos escondeu
Todo o reflexo da dor.

Quem lê as suas poesias
Acha que ele nunca sofreu.
Acredita na fantasia
Que o poeta escreveu.

Os sonhos todos a morar
Na mente e na inspiração.
Dos versos que falam de amar
A Poesia tem o dom da encenação!

VISÃO GERAL.

Olho as flores no quintal
De beleza exuberante.
A bela visão geral
Destaca o verde pujante.

As frutíferas do pomar
Alimentam a passarada.
Que em revoadas a cantar
Saúdam a nova alvorada.

Vejo a flor e o Beija-Flor
Como casal de apaixonados.
Cenário de puro amor
Em seus beijos acalorados.

O céu repleto de cores
As estrelas a cintilar.
O Poeta esconde as dores
Para o verso alegrar.

Na alma brota a inspiração
Para o verso rimar.
A paz habita o coração
Encanto do verbo amar.

A poesia é pura magia
No voo da imaginação.
Suave pouso da fantasia
Despertando a ilusão!

PREVENÇÃO.

Ficou em tempo passado
A doença te surpreender.
A prevenção tem norteado
Para o mal não aparecer.

O machismo antes arraigado
A cautela vai vencer.
Como diz velho ditado
O médico quer um dedo de prosa com
você.

Precaução e prevenção
Aumenta a fase de vida.
Não se surpreenda não
Prevenir-se é a saída.

Não se curve ao preconceito
Dando uma de machão.
Prevenir é seu direito
Use bom senso e razão.

Novembro é o mês azul
Nova cor da esperança.
Propaga-se de norte a sul
Enquanto a saúde avança.

O homem curado e sarado
Ganha olhares de admiração.
Novembro é o mês adequado
Para propagar a prevenção!

CANTINHO DO BAR.

Cantinho do Bar é palco especial
Para fazer a poesia voar.
Espaço onde o Poeta Virtual
Vai o seu sonho realizar.

Os poemas se fazem canção
Em ondas a se espalhar pelo ar.
Na audiência da emoção
Dos ouvintes do Cantinho do Bar.

Esse espaço literário
Palco de rara beleza.
Desenha um novo cenário
Dá ao anônimo grandeza.

O Cantinho do Bar faz voar
Idiomas da Poesia.
A língua tem no verbo amar
A magia da fantasia.

O sonho se torna real
O talento em franca expansão.
A arte é essencial
Cantinho do Bar em ação.

Idealizadores e administradores
Levam cultura para as nações.
Realizam sonhos de poetas sonhadores
Parabéns! Cantinho do Bar propaga
emoções.

EMOÇÃO DE AMOR E PAZ.

Cada vez que olho o céu
Na aurora do amanhecer.
Emoção de tirar o chapéu
Ao ver as luzes do alvorecer.

Olho as luzes coloridas
Despertando a fantasia.
Ouço o alarido da vida
No momento que o verbo de faz poesia.

Emoção de amor e paz
Quando sinto chegar a inspiração.
Toque que a alma satisfaz
Dando alento ao coração.

O verso se faz poesia
Na magia da expressão.
A rima equilibra a euforia
Das lembranças em ebulição.

A consciência inconsciente
Vem para o verso enfeitar.
Traz memórias que a gente
Esqueceu-se de se lembrar.

Emoção de amor e paz
Guardada dentro do peito.
Lança um olhar para traz
Revendo o trajeto feito!

VALDIR LUIZ SARTOR PREFEITO GAUCHO.

V ejo a corrente da mudança
A nimando cada um do eleitor
L iderança e humildade que avança
D espertando sonhos de sonhadores
I dentificando uma nova aliança
R espeitando o cidadão trabalhador
L iderança visão e competência
U nificando os sonhos da população
I nstruir e educar é a tendência
Z elar e cuidar é forte missão
S em trajar o sotaque nordestino
A eleição parecia sonho distante
R enasce com força de menino
T em coragem de gigante
O persistir é dom divino
R eergue-se da derrota e segue avante
P erde algumas eleições
R esponde com fé e perseverança
E studioso aprende as lições
F orte quer fazer algo relevante
E studou e bem se preparou
I mensa foi a sua dedicação
T odo o povo comemorou
O Gaucho lutou e venceu a eleição
G anhou Deodápolis e a população
A humildade é sua marca principal
U rgência dedicação precisão
C ompetência é marca essencial
H á uma nova visão
O povo se sente valorizado!

39

MEU CANTINHO.

Há um espaço reservado
Na ala da preferência.
É meu cantinho adequado
Para relembrar a vivência.
       Lá tenho o meu violão
      O teclado e o gravador.
      Onde abro o coração
      Nas cantigas de amor.
Meu cantinho é tão simplório
Lá mora a felicidade.
Nele habita o repertório
Que encantou a mocidade.
      A canção que permanece
      Sem insistir em passar.
      A poesia que não se esquece
      Declamando o verbo amar.
A saudade companheira
Dos bons tempos de criança.
Lembranças da vida inteira
Enquanto a idade avança.
      O fazer nada gostoso
      Enquanto olho o passado.
      Há um caminho vistoso
      Para ser observado.
Não há dramas a relembrar
Nessa peça de teatro.
Sinto a vida passar,
Meu cantinho é meu retrato!

DIA DO ESCRITOR.

Todo dia e toda noite
É o dia do Escritor.
A saudade bate em açoite
Na alma do sonhador.

Desperta para cantar o amor
Essa é sua rotina preferida.
No riso disfarça a dor
Ao escrever o poema da vida.

Quem lê a sua poesia
Se encanta com a rima.
O verso é pura magia
Ao compor a obra prima.

A vida do Escritor
Nem sempre é parte do verso.
A visão do sonhador
É reflexo do Universo.

O escritor finge ser autor
No voo da imaginação.
Deseja encantar o leitor
Que lê o seu coração!

O POETA VIRTUAL.

A Poesia boa no universo
Através das redes sociais.
O verso leva o reverso
Com gosto de quero mais.

O Poeta Virtual
Propaga o verso e a canção.
Que em harmonia especial
Alcançam coração.

A linguagem é traduzida
Para diversos idiomas.
A poesia ganha vida
Enfeita qualquer Bioma.

A Poesia por seu dom universal
Tem na rima sua complementação.
O verso é forma geral
Para ensinar a lição.

O Poeta Virtual
Conquista o coração.
Seu verso é força real
Para espantar a solidão.

O encanto da Poesia
Faz a saudade florescer.
Elevando a fantasia
Ao nível do bem querer!

42

DIA DO LIVRO.
O livro também tem dia
Por tratar-se de bem comercial.
Se eu pudesse faria
Todo dia especial.

Dia do livro é todo dia
Para quem quer aprender.
O despertar da fantasia
Na lição à aprender.

Tantos livros nas estantes
Fechados e empoeirados.
Sem revelar o instante
De o poeta inspirado.

Sem leitura não há magia
O sonho tende a parar.
O verso perde a euforia
Sem imaginação para voar.

A alma entristece calada
Sem a beleza da poesia.
Dentro do livro há estrada
Que leva ao reino da fantasia!

43

BEM E MAL.
Ser humano se divide
Entre o bem e o mal.
O livre arbítrio decide
O trajeto especial.

Há o poder da razão
Iluminando o caminho.
Emoção e coração
Reconhecendo o carinho.

O mal é fera feroz
Face da mesma moeda.
Desperta-lo depende de nós
É o princípio da queda.

São entes adormecidos
Em cada eu interior.
São mundos desconhecidos
De ódio e de amor.

Anjo bom iluminado
E a fera feroz.
Presente que lembra o passado
E que depende de nós.

O mal pode tornar-se bem
No sonho da fantasia.
Enquanto o sono não vem
Contento-me com a poesia!

O RETORNO.

As férias chegam ao seu final
É momento de as malas aprontar.
Maceió esse cantinho especial
Guarda memórias que iremos levar.

De tantos amigos leais
Que no coração conosco irão viajar.
Momentos de sonhos tão reais
Já é passado sem passar.

Lembrar o neto cantor
Cantando para nos distrair.
Com a filha oh! Quadro de amor
Imagino os momentos por vir.

Nas asas do avião
Vendo a distância desaparecendo.
O voo da imaginação
Tão depressa acontecendo.

Estada na casa da mana
Para mamãe e irmãs rever.
O mês não dura uma semana
O tempo corre sem ver.

O retorno ao nosso cantinho
Deodápolis tão pequenina.
Porto seguro e nosso ninho
Beleza e amizade nos fascina!

CUIDE-SE AMAMOS VOCÊ.

Cuide-se amamos você
Frase moda da Pandemia.
Espalha o medo sem ver
Mostra o isolamento sem alegria.

A onda do "fica em casa"
Alastrou-se pelo mundo.
Propagado virou farra
Causando impacto profundo.

Ordens da falsa ciência
Sem qualquer comprovação.
Impregna a consciência
No pânico não há razão.

Empobrecer as nações
É o golpe da Pandemia.
Poucos tiveram as visões
Do mal que se pretendia.

A guerra pela vacina
Que irá sangrar o tesouro.
O sacerdócio da medicina
Em busca da gota de ouro!

AMIGO LEAL AMOR ANIMAL.

Amigo para toda hora
Todo momento do dia.
O cachorro não demora
Para demonstrar alegria.

O lambe, lambe é festa
O rabo abana em euforia.
A alegria atesta
O bom momento do dia.

Tudo é festa de chegada
No reencontro especial.
A saudade fez parada
Diante do amigo leal.

O carinho demonstrado
Com tanta sinceridade.
Mostra o sonho sonhado
Da busca da felicidade.

Esse amor animal
Supera as dores da vida.
O cão em seu alto astral
Ensina lição querida.

O valor que tem o amor
Na alegria incontida.
O cão sem saber é autor
Da poesia preferida!

DUNAS DE MARAPÉ.

Dunas de Marapé ficará na lembrança
Como dia em que a Pandemia terminou.
Adultos velhos d crianças
Resolvem que o "fica em casa" expirou.

Todos correm para o Mar
Para sentir a maresia.
Sem lembrar que o lugar
Tem limites para a euforia.

Tudo fica congestionado
Não há vagas para estacionamento.
O romper do fazer nada
Causa enorme movimento.

Nas Dunas de Marapé
Não há espaço para andar.
Muvuca de carro ou a pé
Para o final da Pandemia festejar.

As praias de Maceió
Completamente lotadas.
As máscaras virando pó
O "fica em casa" vira piada.

A nova ordem mundial
Rica em contradições.
Aprende que a arrogância faz mal
De heróis viram vilões!

PROFESSOR.
Que saudades da escola
Dos tempos do be a bá.
Sem precisar usar colas
Para boas notas alcançar.

Que saudade dos professores
Que ensinavam a lição.
Das paqueras nos corredores
Que acelerava o coração.

Eu entendi pelos livros
Com a ajuda do professor.
Na memória restam arquivos
Do aluno sonhador.

Paciência amor e carinho
Como receitas de saber.
O mestre a mostrar o caminho
Abrindo as portas de o viver.

Nesse dia especial
Quero te homenagear.
Amigo bom e leal
Sua profissão é amar!

49

UM AMOR DE PRIMAVERA.
Nas voltas que a vida dá
Entre o presente e o passado.
Memórias voam de lá para cá
Em recortes imaginados.

Deparo-me com as flores
Em um amor de primavera.
Um jardim com tantas cores
Não sei se é sonho ou quimera.

A beleza da rosa atrai
A orquídea é sensação.
Da ramagem a folha cai
No cenário da emoção.

Sinto-me parte do colorido
Ao olhar visão tão bela.
Vejo o jardim florido
Pelo espaço da janela.

Um amor de primavera
Tantas flores a desfilar.
Sonho oh! Quem me dera
Demorar para despertar!

COLORINDO A VIDA.

Assisto através da janela
O amanhecer em aquarela.
Luzes colorindo a vida
Tornam a paisagem tão bela.

O amanhecer em multicor
Agita sonhos e ilusão.
É a visão maior do amor
Aquecendo o coração.

O amor colore a vida
Oh! Bela rotina astral.
Que passa despercebida
Aos olhos de visão normal.

Somente se pode ver
Com os olhos do coração.
Que encanta o viver
Decifrando a ilusão!

51

INDICAÇÃO.

A Pandemia nos impôs o isolamento
A quarentena vira centena.
Aumenta-se o sofrimento
O "fica em casa" dói de fazer pena.

Para prevenir a depressão
A onda é se agitar.
Não aceitar a pressão
Que a TV insiste em propagar.

Caminhada banho de sol
É receita e boa indicação.
A saudade de Maceió
Apertava o coração.

O jeito foi voar
Para cumprir a determinação.
Curtir o sol e o mar
Esquecer a isolação.

A ideia genial
Ganhou a admiração.
Maceió em alto astral
Tem do povo aprovação!

VERDADE.
O que será que é a verdade
Que se extrai de narrativas.
Onde impera a falsidade
Nas vozes ativa e passiva.

Quando o fato se divide
Em ideologias de esquerda e de direita.
Ás vezes ao centro é urdido
Independente de perdas.

Como fica a verdade verdadeira
Dependendo da narrativa.
Que de fato é boateira
E tem várias alternativas.

A verdade não existe
Não insistas em à procurar.
Toda narrativa não resiste
A um crivo popular.

É arte das ideologias
Criadas para enganar.
Verdade de fantasias
Que não vale a pena acreditar!

53

PATRÃO COVIDÃO.

O Patrão manda ficar em casa
A Polícia dá à ordem proteção.
A arrogância extravasa
Nos ditadores de plantão.

Prefeitos e Governadores
Viram donos da verdade.
Saem à cata de infratores
Pelas ruas das cidades.

Velórios expostos ao vivo na televisão
Valas e covas sendo escavadas.
O Covidão na contramão
A licitação por fim é assassinada.

O superfaturamento impera
É a nova moda do Brasil.
A canalhice se supera
Oh! Projeto trágico e vil.

As mortes por Covid aumentando
As demais causas diminuindo.
A politicalha lucrando
E o vírus à tudo assumindo.

A Covid foi escalada
Para pagar todo o pato.
Não se morre de mais nada
Oh! Covid mais ingrata!

TARDE DE SOL.

Tarde de sol e calor
Há brisa na beira mar.
Em sonhos o sonhador
Ouve as ondas à cantar.

Observa o balanço da maré
Assiste a luta das águas contra o
rochedo.
Na areia nota as marcas dos pés
Sinais à revelar segredos.

A água lava as pegadas
A espuma às escondem.
As marcas tornam-se nada
Ao grito o eco responde.

Ondas quebrando na areia
Num constante vai e vem.
Enquanto o vento serpenteia
Caminhos que levam além.

O Mar exala da alma
O odor da maresia.
A alma inquieta se acalma
Para sonhar um novo dia!

55

VISÃO.
O claro do dia
Surge no horizonte.
Anuncia paz e alegria
Na bela visão dos montes.

A passarada em festa
Em revoadas e canto de harmonia.
A alegria atesta
Em nuvens de euforia.

Olho a flor que se abriu
Para enfeitar o quintal.
O ser ocupado não viu
Sequer ouviu o sinal.

No cenário da visão
Surge o Beija-Flor.
Que no beijo da emoção
Faz carinhos na flor.

A mãe Natureza
Mostra lições de amor.
Segue irradiando beleza
Na primavera em flor!

TEATRO.

A vida não é mera peça teatral
Onde o ser finge não ser.
É lida e sonho real
Na busca de conhecer.

A busca da sabedoria
É exercício constante.
Dos versos da Poesia
Brotam sonhos delirantes.

Teatro é eterno aprendizado
Trabalho que se faz diversão.
Onde a vida é encenada
Entre alma e coração.

O ator tece a cena
Descrita pela Poesia.
O público aplaude e acena
Ao adentrar a fantasia.

O drama retrato da vida
Em cenas da vida real.
A dor segue escondida
Sob um sorriso teatral!

A LUTA DA PESSOA DEFICIENTE.

A luta da pessoa deficiente
Esse ser tão especial.
Busca um mundo consciente
Da esfera divinal.

Quer o direito de ser notado
Busca amor e compreensão.
Sonha ter valores conquistados
Com a força do coração.

Seu dia é todos os dias
Desperta com esperança na vida.
Viver é luta e ousadia
Solidariedade é a saída.

O deficiente busca
A sonhada oportunidade.
De vencer a dura luta
Apesar da aparente fragilidade.

Só quer um lugar ao sol
Espaço para demonstrar.
Que pode dar seu melhor
Sem se deixar fragilizar!

58

DIA DOS SURDOS.
Paro para imaginar
O silêncio dos inocentes.
Sem ouvir não há o falar
Os sinais os fazem presentes.

Emoções aprisionadas
No seu "eu" interior.
O olhar fixo no nada
Aguarda um gesto de amor.

O sorriso brota no rosto
Ao sentir qualquer tocar.
Os olhos brilham com gosto
Faz-se o milagre de o amar.

O surdo até parece ouvir
Ao sentir em alguém o sinal.
A magia do sorrir
Cria um quadro divinal.

A voz insiste em calar
O silêncio predomina.
A beleza de amar
Nova lição nos ensina!

MIL E UMA NOITES DE AMOR.

Mariazinha vivia
A sonhar um conto de fadas.
No lugar não existia
A magia tão sonhada.

A espera do príncipe encantado
Sentadinha no portão.
Olhava ao longo da estrada
Sem conter a emoção.

Ela sonhava com o beijo
Que a faria delirar.
O corpo ardia em desejo
De o amado abraçar.

Mil e uma noites de amor
O casal iria viver.
Viagem de sonhador
Pelo mundo à conhecer.

De repente despertou
E caiu na realidade.
O amor com que sonhou
Não existe na cidade!

MENINA MOÇA.

Menina moça tão bela
Como uma flor em botão.
Olha a rua da janela
Em busca de ilusão.

Sonha em ser feliz para sempre
Com o eterno namorado.
Espera devaneios que lembre
Bons momentos com o amado.

O primeiro beijo roubado
Na penumbra do portão.
O amigo que virou namorado
E ganhou seu coração.

A menina moça sonha
Deixa-se levar pela fantasia.
Quer que o Poeta componha
Versos de bela Poesia!

TOCAR-SE ALÉM DE GOSTOSO É SAUDÁVEL.

Tocar-se além de gostoso é saudável
São os caminhos do prazer.
Na alma o toque amável
É sonho por florescer.

O corpo sente arrepio
Com leve toque de amor.
O sentimento arredio
Com o toque se entregou.

A leveza de um carinho
Faz a alma levitar.
Abre-se novo caminho
Na estrada de o sonhar.

O coração acelera
A imaginação segue à voar.
Oh! Toque a quem me dera
Não fosse apenas sonhar!

LAGO DOS SONHOS.
Há um lago dos sonhos
Perdido na memória.
Recortes de que disponho
Para recontar a história.

Um lago com Cisnes Brancos
Em silêncio à nadar.
O verde domina o barranco
No cenário de o sonhar.

O barco e o pescador
Quebra a monotonia.
O lago é o provedor
Do peixe de cada dia.

O alcance do sonhar
Depende da imaginação.
O pescador sonha em fisgar
O maior peixe da região.

Eu sonho com a sereia amada
Que irá a vida encantar.
As águas refletem a estrada
Onde um dia irei passar!

O AMOR EM TEMPOS DE PANDEMIA.

O vírus do desamor
Dá as cartas na Pandemia.
Até mesmo o Beija-Flor
Está perdendo a fantasia.

Sem beijos e sem abraços
O amor tende a esfriar.
A paixão fica em descompasso
Com a magia de amar.

O sorriso mascarado
Vai tolhendo a aproximação.
Sobra o olhar disfarçado
Sinalizando o que pensa o coração.

O amor em tempos de Pandemia
Perde força e vigor.
Sem abraços é fantasia
Que nem o Poeta sonhou!

64

UM TOQUE PELA VIDA.

Há um toque de esperança
Na busca da prevenção.
Um toque que traz bonança
Na dor da confirmação.

O câncer quando descoberto
Em sua fase inicial.
É extirpado por completo
E sequer deixa sinal.

A atual tecnologia
Sendo usada para o bem.
A prevenção irradia
O sabor que a vida tem.

O toque pela vida
É o toque do amor.
Única porta de saída
Para que quer vencer a dor!

MEU PATRONO MINHA INSPIRAÇÃO.

Mário Lago é inspiração
Para quem gosta de Poesia.
Sua obra é total inovação
Para brincar com a fantasia.

Suas frases memoráveis
Jamais serão esquecidas.
É destaque entre os notáveis
Base e exemplo de vida.

Ao reler suas poesias
Logo bate a inspiração.
As palavras em euforia
Brotam da imaginação.

Os versos formam a Poesia
Nas rimas da emoção.
Há na canção alegria
Em cada composição!

A NATUREZA CLAMA.

Fogo na Austrália, Amazônia e Pantanal
Lixo e poluição no Mar.
Calor acima de 40 graus
E a fumaça poluindo o ar.

Fauna e Flora destruídas
De apocalipse é o cenário.
A dos de animais sofridas
Não atingem o plenário.

A força das narrativas
Aumenta o cenário de horror.
Há as riquezas atrativas
Apregoando falso amor.

A ganância e o interesse
Levando à destruição.
O clamor que se apresse
Há progresso na contramão!

A CRIANÇA QUE HABITA EM MIM.

No espelho observo um ancião
Cabelos poucos e grisalhos.
Na alma e no coração
Um peralta a subir em galhos.

A peraltice do menino
Nunca se envelheceu;
Apenas um charme granfino
Foi o que sobreviveu.

A criança que habita em mim
Pensa ter eterno caminhar.
Para as peraltices diz sim
Sem ver o tempo passar.

Assiste os filhos crescer
Observa os netos à chegar.
Ignora e segue sem compreender
A estação por chegar!

AMCL É PRIMAVERA É ARTE É POESIA.

A nossa Academia mundial e virtual
Seja na arte ou na Poesia.
Tem um alcance fenomenal
Primavera a propagar a fantasia.

Poetas de vários países
Na Academia encontram guarida.
E podem divulgar felizes
O sonho de suas vidas.

Um despertar de Primavera
Em sonhos de tantas cores.
Brotam da escrita sincera
Em versos de tantos autores.

Anônimos, famosos ou desconhecidos
Fazem o verso voar.
Aos poucos tornam-se conhecidos
Aos segredos revelar.

Formam uma corrente do bem
A embelezar o mundo.
Os versos no vai e vem
Oh! Que mergulho profundo!

PREVENIR É O MELHOR REMÉDIO.

O ser humano aprendeu
A arte da prevenção.
Demorou mas entendeu
Que cautela é razão.

Prevenir é o melhor remédio
Para manter corpo e mente sãos.
Exercícios para prevenir o tédio
Vacinas são solução.

Os exames preventivos
Vão ganhando projeção.
O uso de preservativos
Quantifica a geração.

Doenças já não são surpresas
São apenas um mal menor.
É dor sem tanta tristeza
Diluindo o mal maior.

Prevenir é o melhor remédio
Para evitar a alastração.
Saúde é fato inédito
Na luta pela preservação!

ERA UMA VEZ.
Era uma vez um sonho de amor
Fantasias advindas do amar.
Encanto da alma do sonhador
Que vive à flutuar.

Voa entre sonho e ilusão
Asas da imaginação à voar.
Sentindo o pulsar do coração
A realidade ao despertar.

Ao se deparar com a realidade
Idealiza tanta coisa por fazer.
Sente que a busca da felicidade
É eterno renascer.

Quer alcançar o topo da montanha
E sentir o prazer de retornar.
Ida e volta tão estranha
Sem o futuro encontrar.

A rotina em alto astral
Rege a lei do universo.
Em seu giro especial
É cantada em prosa e verso!

DIA DO PSICÓLOGO.

D eus deu-lhe paciência para ouvir
I nteligência para bem aconselhar
A mor imensurável para bem orientar.

Dedicação na análise do comportamento
O ideal é afastar o sofrimento.

P sicologia é leitura do pensamento
S ilêncio calado à falar
I informações voando ao vento
C ompromisso com o bem-estar
O psicólogo conhece como ninguém
L endas e mitos do mundo existencial
O s segredos que o ego pessoal tem
G uardados no emocional
O h! Confusão irreal!

REPRESENTAÇÃO.

Símbolo máximo da nação
Com seu retângulo em tom verde.
Representa matas e preservação
Retratando o pujante verde.

Tem o losango amarelo
Riquezas em cor de ouro.
Oh! Estandarte mais belo
Da pátria és o tesouro.

A faixa branca da paz
Da ordem e do progresso.
Estrelas altaneiras e capazes
De retratar o universo.

O círculo azul simboliza
O céu e rios brasileiros.
Cada Estado se eterniza
Nas estrelas da bandeira.

O pendão da esperança
De belezas sem igual.
Mantém vivo na lembrança
Esse país especial!

73

BIOMAS DO BRASIL.

A Amazônia grande e verde como o mar
Encanta por sua imensidão.
Fauna e Flora para se admirar
É o bioma de maior extensão.
  No Brasil há o Cerrado
  Por toda região central.
  Desprotegido e explorado
  Desde a época de Cabral.
A Mata Atlântica que cobria o litoral
Com árvores de pequeno e grande
porte.
Hoje agoniza e passa mal
Sobreviver depende da sorte.
  A Caatinga do nordeste
  Castigada pela estiagem.
  Rica em vegetação campestre
  Tem cenários de miragem.
Os Pampas lá do sul
Sofre com o inverno rigoroso.
Tem geadas e vento sul
Oh! Cenário primoroso.
  No centro-oeste do país
  Aparece o Pantanal.
  A água esconde a raiz
  Alagadiço fenomenal!

BELO DIA.

Não verás um belo dia
Se a ilusão terminar.
Não verás a fantasia
Da aurora à raiar.

Todo azul se enegrece
Quando as luzes deixam de brilhar.
O canto dos pássaros emudece
Só o silêncio à calar.

Não se deixe abater
Tenha fé e animação.
A ação e o querer
Vão afastar a depressão.

Olhe para o céu com alegria
Note a aurora a se pintar.
Há luzes de um novo dia
Para a vida encantar.

Noite e dia é ilusão
Que o tempo está a passar.
Quando quem passa é a emoção
O tempo permanecerá!

DAMAS DA POESIA.

As mulheres de uniram
Para embelezar o dia.
Com talento venceram
Na arte de compor poesia.

Primeiro foram as rosas
A embelezar o Jardim.
Nascem versos e prosas
Tendo a poesia por fim.

Um ano de bela festa
Festejando o aniversário.
A participação atesta
A beleza do cenário.

Parabéns Damas da Poesia
Grupo que segue a crescer.
Entre sonhos e fantasias
Vão encantando o viver!

CONQUISTA DAS MULHERES.

A companheira mulher
Conquista o direito de estudar.
A fada do bem-me-quer
Pode a faculdade cursar.

O direito de voto surgiu
Primeiro no estrangeiro.
Depois chegou ao Brasil
Um avanço verdadeiro.

A ONU declara igualdade de direitos
A declaração começa a vigorar.
Traz liberdade e respeito
Do sonhar ao conquistar.

A pílula anticoncepcional
Traz ao corpo liberdade.
A mulher é ser especial
Única a garantir a natalidade.

A Lei Maria da Penha
Sancionada para dar proteção.
A lei do feminicídio desenha
A violência na contramão!

77

MULHER.

A mulher foi gerada
Da costela de Adão.
Criada para ser amada
Passa a sofrer opressão.

Não pode sequer trabalhar
Sem portar autorização.
Maridos querem mandar
Liberdade na contramão.

Não tinha direito à herança
Nem mesmo a guarda dos filhos.
Uma vida sem esperança
Afasta do olhar o brilho.

Casamento tal qual prisão
Cárcere para a vida inteira.
Mulher sem direito de ação
É mera prisioneira.

A Lei do divórcio liberta
A prisioneira mulher.
Que calada sofria quieta
Sem poder para ser mulher!

ESCRITOR

O escritor quando acorda
Disfarça-se de Poeta.
Compor versos está na moda
Ajuda a manter a mente aberta.
As mãos descerram as cortinas
O olhar abre as janelas.
A visão ampla descortina
A luz da aurora tão bela.
Fita os olhos no céu
Vê além do horizonte.
Ouve o som em escarcéu
Das águas descendo os montes.
Escuta o silêncio calado
Das vozes da madrugada.
Assiste o belo bailado
Das nuvens em sua jornada.
Avista as estrelas cintilando
Bem acima do luar.
Imagina o Cometa desfilando
Em seu ciclo irregular.
Busca caneta e papel
Para o cenário anotar.
Faz rima verso cordel
O escritor à sonhar!

DOMINGO.

O domingo tornou-se igual
A qualquer dia da semana.
Na rotina trivial
Que da quarentena emana.
O fazer nada gostoso
Com o tempo se desfaz.
A saudade envolve o idoso
Que passa a sentir-se um incapaz.
Não pode andar pelas ruas
É parte do grupo de risco.
Sem saber por quantas luas
Vai viver pensando nisso.
Os netos não mais vieram
A casa torna-se grande e vazia.
Tantos decretos impuseram
Que prenderam a fantasia.
Em plena melhor idade
Há tanto cuidado e proteção.
Que levaram a liberdade
Angustiando o coração.
O idoso consente e cala
Em respeito à Pandemia.
Em silêncio a alma fala
Não há vida sem fantasia!

SONO.

Na morte de toda noite
Enquanto o corpo descansa.
A alma voa em açoite
E pela fronteira avança.
Caminha no fio da navalha
Inspira e solta o ar.
O sonho às vezes atrapalha
A arte do imaginar.
O sono é coma profundo
Que apaga o olhar da visão.
Sonhos quimeras do outro mundo
São frutos da imaginação.
Do outro lado da vida
Por entre sonhos a levitar.
A alma guarda escondida
Mistérios por revelar.
O reino da fantasia
Não tem etapas ou idade.
Onde o verbo se faz poesia
E o nada é realidade.
A inspiração cria a narrativa
Logo que a alma desperta.
A insônia incentiva
O versar da descoberta!

RECORTES.

Num voo da imaginação
Para os sonhos encontrar.
Revejo recortes da alma e do coração
Nos espaços da memória a flutuar.
Volto aos tempos de criança
Lembro o primeiro presente.
Os folguedos de infância
Cenas que não sai da mente.
Armário de caixas fechadas
Adulto, juventude, puberdade.
A primeira namorada
Os sonhos de liberdade.
Aquele encontro no portão
O medo de ser flagrado.
O inocente aperto de mãos
O beijo que não foi dado.
A menininha da escola
A paquera do recreio.
O uso esperto da cola
A formatura que anseio.
Namorada, noiva, casamento,
Filhos e netos em gestação.
O futuro em andamento
Nos braços fortes da ação!

PALAVRAS.

Na estante o dicionário
Convidando-me a pesquisar.
Palavras para um novo cenário
Uma mudança de linguajar.
Salolice é o mesmo que esperteza
Assim como salseirada é aguaceiro.
Trautear é cantarolar que beleza
Zumbatar é lisonjear verdadeiro.
Adonizar é tornar galante
O amar é querer bem.
Tantas palavras na estante
Que só o dicionário as tem.
Gostar de alguém é aquerenciar
Atilado é ser correto.
Atracar é o mesmo que amarrar
O longe nunca está perto.
O poeta atrofiado
Sente perder a inspiração.
Por entre palavras é sugado
O verso na contramão.
Tantas palavras inúteis
A embaralhar a compreensão.
Guardadas tornam-se fúteis
Escritas causam aversão!

EGO

Acordo pensando no verso
Que irá soltar a fantasia.
Viajar pelo universo
No bom dia da alegria.
Penso num tema atraente
Da rotina do dia a dia.
Sem linguajar diferente
Que torne simples a poesia.
Busco no ego interior
Os bons momentos vividos.
Sonhos com flor Beija-Flor
Tantos recortes escondidos.
Há uma caixa no armário
Onde as lembranças se escondem.
Com tantos belos cenários
Vasculho e a memória responde.
Quantos momentos bonitos
Desfilando em atração.
Em tantos versos escritos
Nos momentos de inspiração.
A alma se faz poesias
No voo da imaginação.
Não sei sê realidade ou fantasia
Corpo alma ou coração!

CALENDÁRIO

Quando menos se espera
Encerrou-se o calendário.
O tempo é senhor e impera
Cria um novo cenário.
Horas, dias, semanas,
Mensal, semestral, anual.
De segundos a hora emana
Marca o tempo em seu ritual.
Os ponteiros do relógio
Devagar e sempre em frente.
Até no modelo analógico
O passado está ausente.
A rota segue o futuro
Que está por acontecer.
Adivinhar é salto no escuro
Mistérios de a estação viver.
O passado urgente e passageiro
Passa sem ninguém notar.
Sobra o presente verdadeiro
Momento de realizar.
Realizou já é passado
Se não fez volte a sonhar.
O futuro é tempo adequado
Para no presente moldar!

CANÇÃO.

Ao ouvir aquela nossa canção
Sinto a saudade bater.
Os versos adentrando o coração
Oh! Dor que dói sem doer.
A canção fala de amor
Dedilhada ao violão.
Ecoa na voz do cantador
Delírios de emoção.
A melodia invade o ar
Nas ondas de transmissão.
No rádio busco sintonizar
A estação do coração.
O cantor em harmonia
Solta a voz com emoção.
Entoando a melodia
Que toca o coração.
A canção se faz poesia
Nas rimas da emoção.
Remoendo a alegria
Que alimenta a ilusão.

Seja sonho ou fantasia
A canção solta no ar.
Há encanto e harmonia
Nas asas do verbo amar!

AMIGOS.

Tenho amigos espalhados
Até em outra dimensão.
Na alma trago guardado
Exemplos que são lição.
Para alguns a vida foi breve
Nem deu tempo de realizar.
Há outros com cabelos branco-neve
Com a mente à suscitar.
Lembro que só de boas cabeças
Podem surgir boas ideias.
Para que a peça teatral aconteça
Há interação com a plateia.
Nos limites da ação
Há espaço para a amizade.
Amor fraterno do coração
Não tem limites de idade.
A vida segue passando
É breve e não é eterna.
Só as lembranças ficando
Guardadas em memória eterna.
Não sei qual a dimensão
Que eterniza a amizade.
Sê corpo alma ou coração
Sonho, fantasia ou realidade!

ROTINA.

Enquanto o sol aquece o chão
Observo os pássaros a voar.
A luz solar domina a visão
Sinto que a brisa sopra do mar.
Folhas verdes balançando
Nas árvores do quintal.
O dia ainda raiando
Início de rotina real.
Acendo o fogo do fogão
Para preparar o café.
Na Padaria compro o pão
Silêncio para não despertar a mulher.
O tempo bem cronometrado
Entre o ir e voltar.
No à fazer concentrado
Para coar sem derramar.
A rua já movimentada
Levou o silêncio embora.
Transeuntes na caminhada
Aproveitam o agora.
A cidade aos poucos desperta
Com o trânsito em confusão.
A rua é veia aberta
Para o progresso em gestação!

SER INFERIOR.

A sessão do Supremo Tribunal
Que tenta deslatar a delação.
Esconde-se na moita virtual
Faz maioria por omissão.
Protegidos atrás das togas
No conhecido lavar de mãos.
A omissão dolosa revoga
Esconde os crimes contra a nação.
Tantos bandidos festejando
O juiz sendo humilhado.
A interpretação a lei adaptando
Para salvar os condenados.
A Justiça do fazendão
Julgando assédio moral.
Flertando com a prostituição.
Assalto ao erário é normal.
Ministros preocupados
Em prender a opinião.
Pela ideologia são tomados
Crime é força de expressão.
A Corte Superior
Aos poucos se apequenando.
O sonho do poder imperador
Na imoralidade afundando!

89

PRIMEIRA VIAGEM.

Entre o sol e as nuvens brancas
Nas asas do avião.
O temor às vezes tranca
O fluir da emoção.
Ao lado um passageiro
Em sua primeira viagem.
Não sabe o que reza primeiro
Na fé encontra coragem.
O avião sequer balança
Nas anunciadas turbulências.
Num piscar de olhos alcança
Estabilidade e fluência.
A aeromoça educada
Anuncia, torrada, suco, café,
As mesas são destravadas
E o copo para de pé.
O passageiro antes nervoso
Relaxa com a calmaria.
Sente o gostinho gostoso
Do voo da fantasia.
Preparar para o pouso
A voz do comandante em ação.
A viagem foi um repouso
Que guardo no coração!

NARRATIVA.

A narrativa é construída
Para definir a equação.
De sofisma vem embutida
Na base de sustentação.
O cômico se torna trágico
Diante do poder de encenação.
Falso tal qual o poder de mágico
Na arte de ilusão e enganação.
Vê, mas finge não ver,
Cala a voz da razão.
Mente com descarado prazer
Acha que engana a nação.
Para esconder a verdade
Há todo o sofisma em ação.
Prender em nome da liberdade
Faz parte da empulhação.
Rude e duro com o famélico
Para o exemplo espalhar.
Cárcere lotado é material bélico
A explosão não vai tardar.
É tão complicado entender
Voto em discurso formal.
Escolhe a quem quer prender
Solta amigos na maior cara de pau!

91

PAI.

Quem tem o pai presente
Tem muito para festejar.
Momento em que a alma sente
O alcance do amar.
Quem tem o pai ausente
Não sente o mesmo prazer.
Não tem a quem dar presente
Só tem saudade à doer.
O pai que está no céu
É passado que não passou.
É sonho que desfaleceu
E só a memória restou.
Restaram exemplos de vida
Reflexos que vão ficar.
Mostrando que há saída
Quando a porta se fechar.
Nos momentos de saudade
De aperto no coração.
Flutuo entre sonho e realidade
Ao cair a lágrima de emoção.
Pai esse dia é seu
Estejas onde estiver.
Abraça esse filho teu
Dê a paz do bem-me-quer.

INFÂNCIA.

Quando a criança desperta
Não há muito para lembrar.
Na puberdade há a descoberta
Do que a memória foi capaz de registrar.
Os primeiros amiguinhos
Os colegas nos recreios da escola.
A recordação dos vizinhos
O primeiro chute na bola.
Os piques peguem a correria
A fieira e a lançada do pião.
O esconde-esconde a euforia
O anel passando de mão em mão.
A ciranda cirandinha
O boi da cara preta.
O pulo da amarelinha
A brincadeira refeita.
Brincar era coisa de criança
Até nas festas de São João.
Infância que hoje é lembrança
Guardada no coração.
Banhos furtivos na represa
Até aprender a nadar.
Os pais envolvidos na empresa
E os filhos a se esbaldar!

EGO.

Cada ego quer ter um país
Para chamar de seu.
Falsa verdade que não condiz
Eis que em mentira se inverteu.
O jogo obscuro das narrativas
Escondem interesses escusos.
Falácias em busca de alternativas
Para disfarçar os abusos.
A verdade sendo fragmentada
Para a narrativa criar.
Insignificâncias são ampliadas
Para o fato calar.
A verdade verdadeira
Depende da opinião.
Imposta pela política rasteira
Que premeia os meios de comunicação.
Fatos já não são notícias
Propagam boatos em repetição.
Vale usar mensagens de artistas
Na arte da desinformação.
O poder sem o dinheiro
Sofre náuseas e confusão.
Sacrifica o povo inteiro
Pior que pandemia em ação!

94

FICÇÃO.

Atualmente no país
Vige a superior ficção.
Onde a realidade não condiz
Com os ideais do patrão.
Os discípulos acovardados
Cumprem ordens no plantão.
Cumpre com o que foi acordado
Ao comprar a nomeação.
O cargo lhes impõe encargos
Que um dia terá de pagar.
Mesmo antevendo os estragos
Que a reputação sofrerá.
Com tantas pedras por jogar
Importa saber como mexer.
A moral é sempre faturar
Base da ética do poder.
O juiz vira ladrão
O ladrão é endeusado.
A narrativa sem padrão
Tem a imprensa ao seu lado.
A verdade é sofismada
Nas manchetes da empulhação.
A notícia é mutilada
No jogo da enganação!

TEMOR.

Pelas ruas da cidade
Muitos transeuntes a caminhar.
Mascarados sem expressar felicidade
O riso esconde-se ao calar.
No olhar um tenso temor
Do inimigo invisível.
Sem sentir cheiro ou sabor
Bate um medo terrível.
O olhar acima da máscara
Carregado de interrogação.
A realidade desmascara
Os aboios da opressão.
O vírus espalhado em toda parte
Não há formas de conter a
contaminação.
Mais cedo ou tarde
Virá a conta da vacinação.
No jogo de interesses globais
Está incluída a Pandemia.
Não importa se há desfechos fatais
A guerra é a roda da economia.
Iniciar uma nova ordem mundial
Pilotar o rumo e a direção.
O vírus é parte do plano essencial
Para calar a razão!

NÃO CABE A MIM.

Não cabe a mim divagar
Sobre a tua ilusão.
O teu sonho de amar
Guardado no coração.
Não cabe a mim imaginar
O futuro que terás.
Não me é dado adivinhar
O que ainda virá.
Não cabe a mim propagar
Sem conhecer a informação.
A certeza deve estar
Ao alcance das mãos.
Não cabe a mim inventar
O resultado da equação.
Pois os números irão mostrar
O resto e a razão.
Não cabe a mim o poder
De saber tudo explicar.
O saber não é querer
E o querer não é sonhar.
Não cabe a mim sonhar
Por um amigo ou irmão.
Cade ser tem seu lugar
Tamanho e dimensão!

FOLCLORE.

O folclore brasileiro é tradição bacana
Nasce de tanta diversidade.
Culturas indígena, portuguesa e africana
Mitos para ensinar a verdade.
A mãe d'água é Iara
Mulher peixe na ficção.
Que por homens tem uma tara
Assassina sem dó ou compaixão.
Curupira protege as matas
Fauna e flora em segurança.
Pés virados que a pista descarta
Cabelos vermelhos sem trança.
A mulher amaldiçoada
Vira a mula sem cabeça.
O padre lembra a amada
Tão logo que anoiteça.
O Lobo morde o homem
Na noite de lua cheia.
O ser vira o lobisomem
Oh! Criatura mais feia.
Tem o Boto e o Boitatá
Até o Saci-Pererê.
Muita estória para contar
Para enganar o viver!

98

CHUVA.

A chuva cai na madrugada
Ouço os pingos no telhado.
A passarada está calada
Sinto o cheiro de chão molhado.
Distante troa o trovão
Vejo a chuva cair do céu.
Raios em flashes de ilusão
A noite veste novo véu.
A lua se escondeu
Além dos Rios Voadores.
A luz da estrela se perdeu
Da visão dos sonhadores.
O azul é cinza esfumaçado
No cenário da visão.
A água escorre no chão encharcado
Desce rumo ao ribeirão.
O verde em tom pujante
Destaca a flor no quintal.
A aurora marca o instante
Num quadro fenomenal.
As cores se misturando
Nas luzes do amanhecer.
Algazarra de pássaros cantando
A esperança à renascer!

TEMPORAL.

O temporal ruidoso passou
Seguiu sua viagem no ar.
A Terra seu cheiro forte exalou
Rios Voadores à voar.
A brisa umedecida
Que se sente no respirar.
É esperança de vida
Brotando em cada lugar.
No campo o verde pujante
Enche os olhos do lavrador.
No rosto o riso vibrante
Nas mãos a arte do semeador.
A terra é semeada
Após a chuva passar.
Toda esperança é concentrada
No broto que vai brotar.
Nas mãos a força da ação
Para o futuro moldar.
O vigor da plantação
Depende de a chuva voltar.

O cio da natureza
É riqueza em gestação.
Muda o cenário e a beleza
Chuva é benção no sertão!

RIOS VOADORES.

Quando o céu muda de cor
O seu tom azul enegrece.
Há um abraço de amor
No fenômeno que acontece.
Ao longe troa o trovão
Gotas a pingar no telhado.
Aumentando a dimensão
Deixa o chão molhado e encharcado.
A enxurrada a escorrer
Buscando encontrar o rio.
Novos caminhos a nascer
Vai-se o calor e vem o frio.
O tom de inverno no ar
Criando nova visão.
A brisa fria ao tocar
Traz ares de nova estação.
É tempo de Rios Voadores
Voando soltos no ar.
Na visão de o sonhador
É a vida a se renovar.

A água que molha a terra
Tem o poder de fertilizar.
Ativa o cio da terra
Que faz a esperança brotar!

MEUS VERSOS.

Meus versos voam no espaço
A busca de ninho para se aninhar.
Da alma leva um pedaço
São partes de o meu sonhar.
Leva a alma psicografada
Sem segredos por esconder.
Toda essência é revelada
O verso retrata o viver.
Leva valores familiares
Costumes e tradição.
Detalhes peculiares
Guardados no coração.
Aquele amor escondido
Desde os tempos da puberdade.
Que sequer foi correspondido
Mas sobrevive na saudade.
Lembra os laços de amizade
O calor do abraço fraternal.
A busca constante da felicidade
Até o sonho se fazer real.

Há tantos temas em evidência
Para compor a poesia.
Salta da alma a essência
Que a fantasia irradia!

CIO DA TERRA.

A temperatura vai baixando
Surge o vento sul a gelar.
O claro vai se ofuscando
A chuva fina à molhar.
A passarada saltitando
Nas frutíferas do quintal.
O vento as flores despetalando
Num espetáculo surreal.
O verde forte e vistoso
Está ao alcance do olhar.
O solo úmido e cheiroso
Exalando pelo ar.
As gramíneas renovadas
No olhar há verde em novo vigor.
As plantas pela chuva regadas
Formam um cenário de amor.
O cio da terra fertilizado
Fará brotar a plantação.
O lavrador animado
Faz o futuro com as mãos.
A esperança e fé no futuro
Só depende de ação.
Não é salto no escuro
É moldado pelas mãos!

NEVASCA.

Fico em casa torcendo
Para que se engane a previsão.
Que prevê uma nevasca descendo
Embranquecendo o sertão.
Arte de uma nuvem polar
Que virá seguida por tempestade.
A previsão afirma que irá gear
Com muita força e vontade.
No rosto do lavrador
Rugas de preocupação.
Medo de o verde encantador
Secar em toda extensão.
Os efeitos da geada
Faz queimar a plantação.
E aquela safra sonhada
De repente é frustração.
A nevasca anunciada
Provoca medo e apreensão.
A catástrofe propagada
Mexe com a imaginação.
Chuvas e frio chegaram
Mudando a cor da paisagem.
Recortes na memória restaram
A catástrofe foi miragem!

MEU AMOR PELA POESIA.

Meu amor pela Poesia,
Desperta na madrugada.
Vai dando asas à fantasia
Numa insônia prolongada.

O verbo solto no ar
Tantas palavras fervilhando.
Frases a se propagar
E o Poeta rimando.

Temas em diversidades
Falam de amor e paixão.
O fim é alcançar a felicidade
Que pulsa no coração.

Os versos buscam a fantasia
Que voa em toda direção.
O meu amor pela Poesia
Vai da alma ao coração.

O bom dia especial
Voa no verso do dia.
Ecoa e testa o astral
Dos amantes da poesia.

As resposta vão retornando
Saudando o novo dia.
O Poeta fica imaginando
A força de um bom dia com Poesia!

INCÓGNITA.

Olho o céu ainda escuro
Vejo estrelas a cintilar.
O véu em seu tom puro
Esconde a luz do luar.
Observo as luzes da cidade
O silêncio em seu calar.
Pelas ruas há liberdade
O vento voa solto no ar.
As folhas sendo levadas
Sem rumo ou direção.
Nada de abraços ou caminhadas
Em tempos de isolação.
Ouço os grilos à cricrilar
No romper do alvorecer.
Aos poucos vejo chegar
As luzes do amanhecer.
Um tom róseo alaranjado
Anuncia o clarear.
Novo cenário é moldado
Belo dia à raiar.
O ontem desperta o hoje
O passado se faz presente.
O futuro em seu aloje
É a incógnita ausente!

Biografia: Milton Jorge da Silva natural de Eneida Presidente Prudente-SP, filho de Inácio Jorge da Silva e Maria dos Santos Silva, advogado atuante na Comarca de Deodápolis-MS, escritor nos momentos de inspiração com predileção por poesias. Livros Editados:

1- Paginas da Vida – Associação de Novos Escritores de Mato Grosso do Sul.

2- Versos e Sonetos para um Novo Amanhecer

3- A Saga de Kauã o Romance do Pássaro. Editora Fonteneles

4- Alma Inquieta – Editora Futurama

5- Ebooks e Livros pela Amazon.com

5.1 – O meu ser de faz poesias Volumes I,II,III,IV,V,VI;

5.2 – Poesias que fazem sonhar Volumes 01-02

5.3 – Poesias e Contos que não dão descontos;

5.4 – Herói sem Rosto a Saga de Diogo do Gurupi

5.5 – Acrósticos de A/Z

5.6 – Silêncio da Alma

5.7 – O Poeta do Sertão e a centelha de vida

5.8 – Devaneios

5.9 – Retratos da vida em poesias

6 – Antologias.

6.1 - Talento Poético – 2017 – 2018 – 2019 – Editora Becalete

6.2 – Futuro qual será? – Projeto Apparere - Perse

6.3 – Antologia Poética – Recanto das letras

6.4 – Antologia Profundidades da Alma – Uny Editora

6.5 – O Livro Mágico 1 – 2 – Editora Becalete

6.6 – Contos da Noite – Editora Becalete

6.7 – Aquarela de Emoções – Darda Editora

6.8 – Antologia Inspiração em versos IV – V – Editora Futurama

6.9 – Antologia Sentimentos Transcritos – Uny Editora

6.10 – Meus Contos – Editora Becalete

6.11 – Poesias Encantadas – Editora Becalete.

7 – Clube dos Autores:

7.01 – A saga de um brasileiro

7.02 – Poesias ao Amanhecer Milton Jorge da Silva e Robson Lucio da Silva Menezes.
7.03 – Verso do Dia Bom dia
E-mail Milton-adv@hotmail.com
Site – miltonjorge.com

Av. Deodato Leonardo da Silva 492 – Centro – Deodápolis-MS, CEP 79790-000
Contatos do Autor
Milton-adv@hotmail.com
Cel. 67 9 9603-2357
WhatsApp – (67) 9827-1358
miltonjorge.com | miltonjorge.com
Amazon.com Milton Jorge da Silva.
Milton Jorge da Silva Escritor
Milton Jorge da Silva Escritor - Textos - Recanto das Letras
Milton Jorge da Silva Poesias Versos e Sonetos
Milton Jorge da Silva - Home | Facebook